旧水泥混凝土路面共振碎石化施工技术指南

王海俐　路学敏　马　矗　舒　森　郝苏民　编著

人民交通出版社股份有限公司
China Communications Press Co.,Ltd.

内 容 提 要

共振碎石化技术是一种适应绿色交通发展要求、施工周期短、环境污染小、资源利用高效的旧水泥混凝土路面维修改造技术。本书内容包括共振碎石化技术的适用条件、基本要求、施工具体步骤、加铺层结构设计、施工质量检查与验收、安全与环境保护等方面,可供公路工程设计、施工人员参考。

图书在版编目(CIP)数据

旧水泥混凝土路面共振碎石化施工技术指南/王海俐等编著. — 北京:人民交通出版社股份有限公司,2017.9

ISBN 978-7-114-14148-5

Ⅰ.①旧… Ⅱ.①王… Ⅲ.①水泥混凝土路面—道路施工—陕西—指南 Ⅳ.①U416.216.04-62

中国版本图书馆 CIP 数据核字(2017)第 219265 号

Jiushuini Hunningtu Lumian Gongzhen Suishihua Shigong Jishu Zhinan

书　　名:	旧水泥混凝土路面共振碎石化施工技术指南
著 作 者:	王海俐　路学敏　马　矗　舒　森　郗苏民
责任编辑:	韩亚楠　朱明周　闫吉维
出版发行:	人民交通出版社股份有限公司
地　　址:	(100011)北京市朝阳区安定门外外馆斜街 3 号
网　　址:	http://www.ccpress.com.cn
销售电话:	(010)59757973
总 经 销:	人民交通出版社股份有限公司发行部
经　　销:	各地新华书店
印　　刷:	北京市密东印刷有限公司印刷
开　　本:	880×1230　1/16
印　　张:	2.25
字　　数:	30 千
版　　次:	2017 年 9 月　第 1 版
印　　次:	2017 年 9 月　第 1 次印刷
书　　号:	ISBN 978-7-114-14148-5
定　　价:	32.00 元

(有印刷、装订质量问题的图书,由本公司负责调换)

前　言

根据陕西省交通运输厅2014年交通科研项目"旧水泥混凝土路面共振碎石化推广技术应用研究"的相关要求,由陕西省铜川公路管理局、长安大学、陕西省公路局等单位承担《旧水泥混凝土路面共振碎石化施工技术指南》的制定工作。

共振碎石化技术是目前旧水泥混凝土路面维修改造技术之一,该技术是通过共振式破碎机将旧路面板原位破碎为嵌锁性柔性结构层,充分利用了破碎后的结构强度,重新加铺沥青混凝土面层,能够有效防止或延缓沥青混凝土面层出现反射裂缝。该技术具有施工周期短、环境污染小、有效利用资源的特点,适应绿色交通发展的要求。

陕西省铜川公路管理局辖养的210国道全部为水泥混凝土路面,自2012年引进共振碎石化设备以来,在水泥混凝土路面大修工程中因地应用,并开展了相关专题技术研究,为该技术指南的修订提供了技术依据和工程支撑。本指南在编制过程中,参考了国内外的有关标准规范,并结合了试验路的相关研究成果,力求做到全面、准确地反映共振碎石化技术在改造旧水泥混凝土路面中的具体操作。

该技术指南基于目前应用和研究的最新成果编制,共振碎石化技术必将随着工程实践而发展,各有关单位及个人在使用过程中,如发现需要修改和补充之处,请将意见建议和有关资料及时反馈至编制单位(地址:陕西省铜川市新区铁诺南路1号,邮编:727031,养管科收),以供修订时参考。

编　者

2017年6月

目 录

1 概述 ··· 1
   1.1 共振碎石化技术的定义 ··· 1
   1.2 共振碎石化设备与工作原理 ··· 1
   1.3 共振碎石化技术的特点 ··· 2
   1.4 共振碎石化技术的优势 ··· 2

2 共振碎石化技术适用条件 ·· 4
   2.1 旧水泥混凝土路面改建条件 ··· 4
   2.2 旧水泥混凝土路面共振碎石化的技术条件 ·························· 4
   2.3 旧水泥混凝土路面共振碎石化的经济条件 ·························· 5

3 共振碎石化技术的基本要求 ··· 6
   3.1 旧水泥混凝土路面路况调查 ··· 6
   3.2 共振碎石化施工要求 ··· 6
   3.3 共振碎石化层整平 ··· 6
   3.4 共振碎石化层施工质量检查与验收 ···································· 7
   3.5 加铺层设计 ··· 7
   3.6 其他要求 ··· 7

4 旧水泥混凝土路面路况调查与评价 ··· 8
   4.1 旧路资料收集 ··· 8
   4.2 旧路现状调查与评价 ··· 8
   4.3 旧路病害成因分析 ··· 10

5 共振碎石化施工技术 ·· 11

5.1	一般规定	11
5.2	共振碎石化设备	12
5.3	共振碎石化施工工艺流程	12
5.4	施工准备	12
5.5	试振	13
5.6	共振碎石化施工注意事项	14
5.7	碎石化层碾压	15
5.8	自然交通条件下的养生	16
5.9	碎石化层调平与补强处理	16
6	碎石化层整体稳定措施	18
7	加铺层结构设计	19
7.1	加铺层结构类型	19
7.2	沥青加铺层结构设计方法	19
7.3	水泥混凝土路面加铺层设计	23
8	施工质量检查与验收	25
8.1	碎石化层质量检查验收	25
8.2	加铺层质量检查验收	26
9	安全与环境保护	27
9.1	一般规定	27
9.2	施工安全	27
9.3	环境保护	27

1 概述

1.1 共振碎石化技术的定义

共振碎石化技术是通过共振原理,使旧水泥混凝土路面板与破碎机械产生共振,将旧水泥混凝土路面破碎成上层相互嵌挤、下层相互嵌锁的水泥混凝土碎石粒料层,破碎后的碎石形状相邻互补、粒径较小,形成相互嵌挤的稳定结构,解决了原水泥混凝土路面板在裂缝、接缝处的水平及竖向位移,消除了原有板块裂缝向上反射的应力,该层的强度和刚度高于级配碎石,同时对旧路地基的影响也较小,是目前解决水泥混凝土路面加铺容易出现反射裂缝问题的有效手段。

共振碎石化是一种旧水泥混凝土路面的破碎利用技术,主要由共振锤头破碎混凝土路面、补强稳定共振碎石化结构、正确设计路面加铺层三个主要部分组成。

1.2 共振碎石化设备与工作原理

共振破碎机是共振碎石化技术的专用设备,该设备独特的共振技术可以持续产生高频低幅的振动能量,通过破碎锤头传递到水泥混凝土路面板块里产生振动谐波,振动锤头以高频低幅进行小能量的破碎,在路面层内产生均匀裂纹,并随着振动迅速有规律地扩展而得到破碎。共振破碎有利于强力击碎或碾碎。

共振破碎设备利用振动体带动工作锤头振动,锤头与路面接触。通过调节锤头的振动频率,使其接近水泥混凝土面板的固有频率,引起水泥混凝土面板在锤头下局部范围内产生共振,使混凝土内部颗粒间的内摩擦阻力迅速减小而崩溃,即可将水泥混凝土面板击碎。

1.3　共振碎石化技术的特点

共振破碎技术产生的高频低幅振动能量，使旧水泥混凝土路面的结构完整性彻底破坏。由于共振破碎设备动量高，和板块接触时间短，将水泥混凝土板块表面的裂纹瞬间均匀地扩展到板块底部，作用于水泥混凝土板块内部的高频振动力使其碎裂均匀，碎块大小和方向规律，水泥混凝土板块产生斜向裂纹，与路面形成30°~60°的夹角。破碎的水泥混凝土块之间相互啮合，呈锯齿状，为沥青加铺层提供稳固的施工平台，有效避免了裂纹纹路与路面垂直，达到承重和防水的效果。

破碎后的水泥混凝土板块表层粒径较小，较松散；下层粒径较大，嵌锁良好。表层较小的颗粒有利于消除反射裂缝和横向排出路面渗水；下部较大的颗粒可以提高路基的承载能力和阻止渗水向下渗透。粒料经压实后相互啮合得更紧，形成稳定的基层。

由于破碎深度可以控制，高频低幅共振产生的裂纹在穿透路面时就消散了，不会破坏原路基层的强度和均匀性，对地下设施也不会产生影响，并能使钢筋很容易与混凝土颗粒有效分离，避免了钢筋与其连带的水泥混凝土碎块对新面层产生的反射影响。

共振碎石化技术是对旧水泥混凝土路面进行改造的一种新技术，通过共振碎石化施工，不仅解决了旧路面改造的质量问题，还大大缩短了工期，节约了大量路基材料，大幅降低了工程造价，同时也解决了碎块垃圾的处理问题，具有减轻污染等优点，是旧水泥混凝土路面翻修改造的理想方法。

1.4　共振碎石化技术的优势

与传统破碎工艺相比，共振式碎石化技术具有以下八方面的优势：

(1)彻底根除反射裂缝，粒径均匀。

(2)保持路基完好，施工后路基及路旁设备完好无损。

(3)破碎后的水泥混凝土碎块不用搬走，直接做柔性路基，不产生垃圾。

(4)在破碎后的水泥混凝土碎块上直接加罩沥青层，降低了施工成本。

(5)噪声低，传统工艺施工时，最大的噪声来自柴油发动机。

(6)一次即可破碎成形。

(7)效率高,单车道破碎速度可达 2km/d,大大缩短工期,且不影响其他车道交通。

(8)改造后的路面寿命可达 20 年以上,不存在其他方案面临的"二次修复"难题。

由于彻底消除了反射裂缝,共振碎石化后的碎石化层可以直接加罩面层,且养护费用低,因此被誉为"没有遗憾"的水泥路面修复技术。

2 共振碎石化技术适用条件

2.1 旧水泥混凝土路面改建条件

旧水泥混凝土路面是否适合采用共振碎石化技术进行改建,首先需要满足旧路重建的条件。结合我国水泥混凝土路面结构组合类型以及使用过程中出现的主要破损类型,旧水泥混凝土路面满足下列条件时,应考虑大修或重建:

(1)正常养护措施无法满足路面使用的技术要求。

(2)大量接缝破坏,如错台、翻浆、断板和角隅破坏等,有20%以上的接缝需要进行修补。

(3)有25%以上的路面板开裂。

(4)有20%以上的路面板在长度方向出现纵向裂缝,且裂缝宽度大于10cm。

(5)有10%以上的路面板需要进行开挖修补方可达到结构性要求。

(6)有20%以上的路面板已经修补或需要修补。

(7)出现冻胀开裂或碱集料反应,养护中需要加铺罩面或重建。

当旧水泥混凝土路面符合上述条件时,表明该路面的结构性能和使用性能严重下降,应考虑进行大修或重建。

2.2 旧水泥混凝土路面共振碎石化的技术条件

实施共振碎石化技术,旧路必须满足的相应技术条件如表2.1所示。

表 2.1 碎石化技术应用的基本标准

相关指标	土基 CBR	基层状况	板体情况
界限或性状	>5	未松散	强度无显著下降

注：1. 基层未松散是指基层无明显裂缝、沉陷，或虽有但破碎成的块体粒径不小于40cm。
2. 强度无显著下降的具体标准是面板材料劈裂强度代表值按《公路水泥混凝土路面设计规范》(JTG D40—2011)规定的方法换算为弯拉强度后，应不低于原混凝土板强度设计值的80%。
3. 如果路基平均含水率与最佳含水率之差大于10%，则应采取增设碎石盲沟等排水措施。

2.3 旧水泥混凝土路面共振碎石化的经济条件

在满足2.2的规定后，工程的经济性指标是决策的最终依据。

(1)宜将共振碎石化后加铺改建费用与继续维修、尽量延长路面服务年限的费用相比较，当前者费用较低时，适宜加铺改建。

(2)应在充分考虑技术特点、成本、加铺结构要求和使用年限的基础上，对比其他原位破损利用技术方案，如多锤头碎石化(MHB)、打裂压稳、冲击压实等，选择技术经济性最佳的方案。

3 共振碎石化技术的基本要求

3.1 旧水泥混凝土路面路况调查

共振碎石化前,应对旧水泥混凝土路面进行全面、充分的路况调查,掌握路面损坏及路面沿线构造物状况,以判定是否采用共振碎石化技术,同时,应根据旧路地基承载力状况划分出不适于碎石化施工的路段。若采取共振碎石化技术,则应对该技术对地下结构物及周围建筑可能造成的影响进行评估,明确是否需要对这些结构物进行保护,以避免共振碎石化施工对这些结构物造成振动损伤。此外,路况调查可以为加铺层设计以及共振碎石施工工艺参数的确定提供依据。

3.2 共振碎石化施工要求

旧水泥混凝土路面结构强度和破损状况不同,其固有频率不同。在共振碎石化施工中,应根据路况调查结果将施工路段进行划分,针对不同技术状况的路段,通过试振确定满足破碎结构要求的振动频率、锤迹横向净距、行进速度等施工工艺参数,再进行正常施工。以此控制碎石化层的碎块尺寸及其分布状况,达到接近一致的碎石效果。试振确定共振碎石工艺参数时,可通过开挖试坑的方法观察碎石效果。施工过程中应对施工路段进行检测,并做好数据记录。

3.3 共振碎石化层整平

旧水泥混凝土路面经共振碎石后,板体作用减弱,会出现路基排水不畅、路基湿软、强度不足等情况,在行车荷载作用下会出现沉陷变形,导致路面不平整。因此需要采取完善防排水措施、局部换填路基、整平路面等必要的施工措施,对薄弱区域进行处理,以提高加铺层下承层的强度和平整度。

3.4　共振碎石化层施工质量检查与验收

旧水泥混凝土路面共振碎石化后,通常作为路面基层,上面加铺面层,而共振碎石层顶面的强度和均匀性对于加铺层的设计至关重要。因此,共振碎石化施工后,以碎石化层顶面弯沉值的均匀性作为碎石化效果评定与质量验收指标。

3.5　加铺层设计

经过对旧水泥混凝土路面进行共振碎石化施工和必要的补强整平,即形成加铺面层的基础。可根据实测弯沉值或回弹模量确定共振碎石化层顶面的综合回弹模量,以此作为加铺层的设计参数,并根据综合回弹模量的不同,进行不同的路面加铺层设计与施工。

3.6　其他要求

(1)共振碎石化及沥青加铺施工必须加强计划管理、施工管理及经济核算,确保碎石化及加铺工作按照计划实施。

(2)必须制订技术安全措施和文明施工方案,严格执行安全操作规程,确保安全、文明施工,施工必须符合环境保护的要求。

(3)加铺后的路面应能满足交通需求,路面结构应具有足够的承载力,同时应满足平整性、抗滑性、耐久性等路用性能要求。

(4)应定期对路面进行跟踪调查,收集数据资料,为今后修正施工参数、施工方案、加铺层设计提供依据,也为本指南的不断完善提供参考。

4 旧水泥混凝土路面路况调查与评价

4.1 旧路资料收集

（1）应收集旧路设计资料、竣工资料等，包括路基、路面各结构层的施工资料、验收资料（路面各结构层厚度、各结构层材料、配合比等）。

（2）应收集沿线桥梁、涵洞、挡墙、排水设施等构造物竣工资料、养护维修资料。

（3）应收集旧路运营期间维修养护的详细资料，包括病害调查、维修方案、段落、工艺、材料、施工资料、验收资料等。

（4）应收集路段气象、水文、地质等相关资料。

（5）应收集路段历史交通量、交通组成及轴载资料，为交通组织方案、加铺层路面结构设计和材料设计提供依据。

4.2 旧路现状调查与评价

应按照《公路水泥混凝土路面养护技术规范》（JTJ 073.1—2001）、《公路水泥混凝土路面再生利用技术细则》（JTG/T F31—2014）及《公路技术状况评定标准》（JTG H20—2007）的有关规定执行。

（1）旧路现状调查应包括：路面板厚度、水泥混凝土强度、断板率、换板及修补情况、原路面板接缝传荷能力及板底脱空情况、基层及路基状况、排水状况、构造物位置、道路两侧建筑物情况、交通量及组成情况等。路面现状、构造物与排水设施的调查应采用人工徒步踏勘的方式，现场及时填写调查记录表格。

以上调查项目中，旧水泥混凝土路面的断板率、路面板厚度、路面板强度、换板率及修补情况、基础状况等是影响共振碎石施工工艺参数的因素，排水状况、构造物位置、道路两侧建筑物情况、交通量及组成情况等则是确定施工组织和有关技术措施应考虑的因素。

（2）断板率、脱空率的调查和计算应按《公路水泥混凝土路面养护技术规范》（JTJ 073.1—2001）中的规定执行，断板率、脱空率相近路段应归并为一个统计段落。路况段落的初步划分应结合建养历史，按照段落内路况相近的原则综合确定。划分标准如表4.1所示。

表4.1　按路面破损状况分段的标准

分段级别	1	2	3	4	5
断板率 DBL(%)	5～10	11～20	21～30	31～40	>41

（3）应按照路面病害相似情况、路面技术状况相近情况对旧水泥混凝土路面板进行分段取芯。每个路段钻取3个 ϕ150mm 的芯样，先量测芯样高度，计算路面板实际厚度平均值；再按照《公路工程水泥及水泥混凝土试验规程》（JTG E30—2005）中 T 0554 的规定测试芯样的轴心抗压强度，计算旧水泥混凝土路面板的水泥混凝土抗压强度平均值。

《公路水泥混凝土路面设计规范》（JTG D40—2011）中以水泥混凝土的抗弯拉强度为设计参数。本指南中，旧水泥混凝土路面板破碎再生后已无弯拉强度，没有参考意义。根据工程经验，面层实测抗压强度与路面板再生破碎后的残余强度有关，可作为路面板破碎后再生层顶面当量回弹模量的间接判定依据。

取芯应优先选在破损程度分级相同的行车道板内病害严重、破损程度较高的位置，并应分析该路段路面破损的主要原因。现场取芯时应避开已有裂缝；对于基层松散、破损等情况，应通过开挖面层检查确定。面板取芯的频率为每个路段钻取3个，实测芯样高度并记录，然后将芯样制作成标准试件进行轴心抗压强度试验，以获取旧路面板的抗压强度。

（4）应对旧水泥混凝土路面进行整体承载能力检测和评估。检测方法可采用《公路路基路面现场测试规程》（JTG E60—2008）中的 T 0951 贝克曼梁测定路基路面回弹弯沉试验方法或 T 0953 落锤式弯沉仪测定弯沉试验方法，每车道每5m检测1点。对脱空板、翘曲板路段，应检测每块板。

弯沉测试方法应遵守《公路路基路面现场测试规程》（JTG E60—2008）中的相关规定，对于半刚性基层的水泥混凝土路面应进行支点变形修正。通过板块边缘中间弯沉值进行评定，当弯沉值大于20(0.01mm)时，判定为脱空；反之判定为良好。通过原路面横向接缝两侧板边的弯沉差进行评价，当两侧弯沉值之差超过6(0.01mm)时，判定接缝传荷能力不足;反之判定为接缝传荷能力良好。

(5)调查道路两侧建筑物的结构及其抗震性,实测沿线分布长度、距离路面边缘的宽度;调查沿线上跨构造物情况,实测并记录桩号、净空、结构形式;调查沿线桥梁、涵洞、排水设施、地下管线等构造物情况,实测并记录桩号、结构形式,实测结构尺寸、地下埋置深度;调查沿线挡墙、水沟及其他构造物的位置、形式及技术状况;调查路侧房屋位置、结构及损坏情况,必要时可拍照记录。

此外,还需调查其他对施工有影响或限制的因素。

4.3 旧路病害成因分析

本指南以陕西省铜川辖区210国道、富平县314县道为例,对水泥混凝土路面病害进行分析。其他水泥路病害成因应结合当地实际情况具体分析。以上两个地区的水泥混凝土路面病害主要以裂缝、填缝料老化脱落、板角断裂、板破碎等为主,路面病害产生的主要原因有以下三个方面:

(1)路面疲劳破坏。车辆重载化是加速水泥混凝土路面破坏的主要原因。由于区域经济迅速发展,车流量增加,且多为大吨位车辆,重型荷载造成混凝土板块疲劳,使水泥板断裂、破碎,导致路面使用寿命大大缩短。

(2)水损坏。水泥混凝土路面水损坏的产生原因为路面水下渗。水泥混凝土路面横接缝的填缝料基本上是用沥青灌缝,使用2~3年后,路面板块间在行车作用下会相互挤压,材料不同程度地老化松脱,路面的雨水通过裂缝或接缝渗入基层,造成基层软化。在车辆荷载的重复作用下,出现基层承载力不足、地基不均匀下沉的现象,产生唧泥,将基层细料冲走,导致板端脱空、路面板块松动、错台、板角冒浆,随之出现断板破碎。

(3)原路面局部路段水泥混凝土面板板块划分不合理(长宽比大于1∶1.35)也是水泥混凝土路面破坏的原因之一。

5 共振碎石化施工技术

5.1 一般规定

(1)共振碎石化施工前应制订详细的施工组织方案,确定施工设备,划分施工路段,掌握天气情况,符合施工技术要求方可施工。

(2)根据旧路状况调查与评价结果,按路面板破损情况、路面厚度及水泥混凝土抗压强度、路面整体承载能力等路面技术状况相接近的原则对拟施工车道划分施工路段。每个施工路段长度不宜小于50m。

(3)沿线桥梁、涵洞、挡土墙、地下管线等构造物前后一定范围内不宜采用共振碎石化施工,需采用挖除旧路面板换填基层的方法处理。

(4)道路两侧近距离有建筑物的路段,应在共振碎石化施工前设置隔振沟。振动和噪声敏感路段,应采用挖除旧路面板换填基层的方法处理。

(5)共振碎石化施工作业面距离构造物或建筑物的最小距离应符合表5.1的规定。

表5.1 共振碎石化施工作业面距离构造物或建筑物的最小距离

项目	构造物			建筑物	
类型	桥梁和涵洞	挡土墙	地下管线和地下构造物	有隔振沟	无隔振沟
最小距离(m)	1.5	0.5	1.0	5.0	8.0

(6)共振碎石化施工前,应通过试振确定施工工艺参数。对于不同状态的旧水泥混凝土路面应采用不同的施工工艺参数进行共振碎石化施工。

(7)遇雨、雪等天气,不得进行共振碎石化施工,已破碎路段应采取防水排水措施。

(8)共振碎石化施工过程中应有完善的交通控制方案,应按照《公路养护安全作业规程》(JTG H30—2015)的相关规定进行交通组织。

(9)共振碎石化施工中应采取扬尘控制措施,合理安排作业时间,减少噪声与振动对环境的影响。

5.2 共振碎石化设备

(1)共振碎石化施工应采用共振破碎机、单钢轮振动压路机、洒水车等设备。

(2)共振破碎机的主要技术参数应满足表5.2的相关规定。

表5.2 共振破碎机主要技术参数

振动频率(Hz)	振幅(mm)	锤头宽度(mm)
35~53	10~30	150~300

(3)单钢轮振动压路机的自重应不小于18t,激振频率不小于50Hz,振幅不小于0.5mm。

5.3 共振碎石化施工工艺流程

共振碎石化施工工艺流程如图5.1所示。

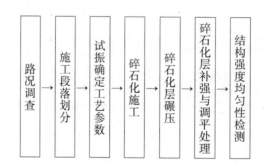

图5.1 共振碎石化施工工艺流程图

5.4 施工准备

(1)应用铲刨机将旧水泥混凝土路面上已存在的沥青加铺层清除;对于已存在的沥青补块,应用镐破碎并移除,采用粒料或沥青碎石回填,回填区域不再作碎石化处理。

(2)施工前,应对路基路面原有防排水系统进行修复和完善,并在碎石化施工前2~4周根据设计文件完成路面排水系统施工。

(3)对于路况调查中发现的断板与沉陷较严重、排水不畅等路基软弱路段,应采用换填方式进行处治。换填应符合下列规定:

①应按旧路面结构逐层开挖至满足该层设计承载力要求的深度。

②对路基软弱路段,按照设计文件或可行方案要求处理。

③路面结构层按照设计文件新作路面结构层施工。

按照以上要求进行处治后,不再进行共振碎石化作业。

(4)施工前应对沿线需要保护的构造物进行明确标识,并根据需要设置隔振沟,以减小施工振动对周边环境的影响。若有埋深在0.5~1m的构造物,可减小振幅和振动频率;若有埋深不足0.5m的构造物(或管线)和桥梁等,应禁止共振,施工应距构造物端部3m以外。

(5)建筑物与共振作业面最短距离小于5m时,应开挖隔振沟。隔振沟开挖深度不应小于80cm,宽度不应小于40cm。隔振沟的回填材料宜采用级配碎石,其级配要求应能满足表5.4的相关规定。

(6)施工前,应在施工影响区外设置水准控制点,用于碎石化施工过程中的高程测量与控制。

(7)共振碎石化施工范围内的出入口应有醒目的安全标志,禁止无关车辆与人员出入,禁止施工车辆随意在碎石化层上紧急制动与起动。破碎施工须占用车道,对于没有中央分隔带的道路,应在道路中央设置隔离反向车道的设施,施工作业区域的车道禁止车辆通行。在隔离处设置明显的交通导向标志,或派专人负责指挥交通。

5.5 试振

(1)同路况的施工段落大面积施工前,应分别选择具有代表性的不小于50m长度的旧水泥混凝土路面作为试振区,确定与旧路面路况相匹配的共振破碎机的振动频率、振幅、锤迹横向净距及行进速度等施工工艺参数。

(2)缺乏经验时,可参考表5.3确定共振碎石设备初始试验工艺参数。

表5.3 共振碎石设备初始试验工艺参数

参　数	振动频率(Hz)	振幅(mm)	锤迹横向净距(mm)	行进速度(km/h)
参考初始值	40~45	20	50~80	3.0~4.0

(3)对试振区板块分别采用不同的共振碎石施工工艺参数。应通过观察和挖试坑观测破碎效果,如果破碎后路表呈现出均匀的鳞片状,则破碎效果较好。试坑距路肩距离应为 2.0~2.5m,试坑直径不小于 1m,试振长度 50~100m,公路等级高、里程长则取高值,反之则取低值。旧水泥混凝土路面板共振破碎后粒径宜符合表 5.4 的要求。

表 5.4 旧水泥混凝土路面板共振碎石粒径要求

沿板厚深度	普通混凝土路面			钢筋混凝土路面	
	0~3cm	3cm~0.5h	0.5h~h	0~0.5h	0.5h~h
粒径(cm)	<3	3~7.5	7.5~23	<7.5	7.5~23

注:h 为旧水泥混凝土路面设计厚度(cm)。

开挖试坑后,清除表面 2cm 左右碎屑至嵌挤层顶,观察裂缝情况,粒径尺寸符合质量验收要求时记录设备参数。若发现检查坑处碎石化层颗粒尺寸不满足碎石化要求,应另开挖一处检查坑;若仍不满足要求,则试振区的施工参数不满足要求,仔细检查分析并调整施工参数后,另觅一试振区试振至满足要求为止。

(4)试振区破碎后立即碾压。

(5)试振区施工时,应及时观测粒径和做好记录,确定标准的施工参数和施工工艺流程,编制试振区总结报告,完善施工组织设计。

5.6 共振碎石化施工注意事项

(1)各施工路段大面积施工过程中,应以相应旧路面技术状况试振区确定的施工工艺参数为依据,在共振碎石化施工段落未碾压之前先挖 2~3 个试坑检查粒径,作为自检数据,极个别路面板块可以根据试坑粒径实际状况对参数进行微调。

(2)共振碎石化施工应按"先外后内"的车道顺序进行,有硬路肩和排水沟时,应在距硬路肩 0.3~0.5m 位置处开始共振碎石化施工。

(3)共振碎石化过程中,应及时清除填缝料、胀缝材料、暴露的钢筋或其他杂物。

(4)对碎石化层表面尺寸大于 0.1m 的凸出碎块,应予以清除并采用级配碎石回填。

(5)对于局部表面层出现粉尘的路段,应清理粉料层并洒水灭尘,用级配碎石补平;根据开挖的试坑检查粒径并应分析原因,视需要调整施工工艺参数。

(6)碎石化层有钢筋外露时,外露部分应剪除至与碎石化层顶面齐平,碎石化层中的钢筋可保留在原位置。

(7)共振碎石化一个车道的路面板时,锤头应破碎至路面板纵缝边缘。

(8)共振碎石化施工前应在旧路面上洒水,洒水时间与碎石化施工时间间隔宜控制在30min以内。碎石化施工过程中也应及时洒水,控制施工现场扬尘。

(9)在共振碎石化施工期间,应安排专人对沿线周围的敏感建筑物进行实时观察,发现建筑物开裂现象应立即停止施工,并向监理、业主报告,调查分析其原因并采取措施后方可继续施工。

(10)对于排水不畅且含水率过大的软弱路基路段,宜采取减小激振力、加快行进速度、减小振幅或其他措施进行处理;当采取以上措施的效果不理想时,可参照本指南5.4中的相关规定。

(11)旧水泥混凝土路面脱空路段应挖除或注浆,挖除方案参照本指南5.4中的相关规定。注浆施工后不再进行碎石化,按照设计文件重新进行路面结构层施工。

(12)对于旧水泥混凝土路面板强度过高或板块过厚的路段,应适当增大振动频率、增大激振力,或在破碎前采用打裂或其他手段对旧水泥混凝土路面板进行预裂处理。

5.7 碎石化层碾压

(1)碎石化层的碾压按照初压和终压两阶段进行,采用4.5~8t洒水车配合钢轮振动压路机碾压,单钢轮振动压路机的自重不应小于18t。

(2)直线和不设超高的平曲线段,按"由外向内"的顺序碾压;设超高的平曲线段,按"由内向外"的顺序碾压。

(3)碎石化层的碾压方案及碾压参数见表5.5。将碎石化层表面往返碾压一个来回定义为一遍。

表5.5 碎石化层碾压参数

碾压顺序	压路机自重(t)	碾压遍数	碾压速度(km/h)	振动频率(Hz)	振幅(mm)
初压	18~22	静压1遍	2~3	0	0
		振动1遍		30	0.7~1.0
终压		振动2遍	3~6		0.4~0.7

（4）振动压路机两遍碾压的相邻碾压带应重叠1/3～1/2的碾压轮宽度,折返时应停止振动。

（5）为了提高碾压效果,在第一遍和第三遍碾压之前、第四遍碾压之后洒水,达到最佳含水率(4%～5%)即可碾压。

（6）对路面边缘、加宽及港湾式停车带等大型压路机难以碾压的部位,应采用自重1～2t的小型振动压路机压实。

（7）共振碎石化施工前应设置施工测量控制点,破碎后及时测量顶面高程。在碎石化层碾压完成后,与原路面高程相比,沉降量应在12mm以内;通车7d后观测对比的沉降量应小于20mm,沉降量大于20mm时,参考本指南5.9中的规定处理。

5.8 自然交通条件下的养生

（1）在刚完成的碎石化路面,应保持表面松散层4%～5%的含水率,并随即开放交通,在通车期间保湿养生7d左右,稳固表面松散层,防止细小颗粒在交通作用下被带走。

（2）为了获得强度合适、变形均匀、平整和稳定的柔性结构层,碾压后须经过自然交通条件下交通行车和柔性结构研判处理。一方面使其在自然交通条件下固结,提高其承载能力;另一方面,针对破碎完成后在自然交通的作用下,出现表面不平整、翻浆、沉陷变形等强度薄弱区的局部路段,需要进行补强处理。

（3）在碎石化路段内合理地布置交通标志引导交通,避免相互干扰,提高交通安全性和通行能力;同时应避免渠化交通对碎石化后路表面的影响。

5.9 碎石化层调平与补强处理

（1）对柔性结构经过7d自然交通行车后,表层高差小于20mm不作另外处理。高差在20～50mm,只需采用级配碎石进行补平、压实即可。

（2）若相对平整度较差或沉陷大于50mm,需采用水泥稳定粒料类、低强度等级水泥混凝土等材料进行补强。

①需深挖换填时,对碎石化层先进行开挖移除,开挖深度至土基含水率满足规范要

求。随后换填新的稳定材料,进行碾压、整平处理。

②补强找平时,对于翻浆、沉陷变形,采用水泥稳定粒料类、低强度等级水泥混凝土进行处理,并与共振碎石化高程一致,洒水覆盖养生。

6 碎石化层整体稳定措施

由于碎石化后短时间内碎石化层表面颗粒之间固结不牢，整体性不强，需要对碎石化层采取整体稳定措施。在碎石化层路段统一铺筑 2cm AC-13 沥青混合料稳定封层，采用机械摊铺碾压，以稳固碎石化层并形成整体结构，提高结构层整体性和稳定性。稳定封层不仅为加铺层提供一致、坚实的表面，而且对碎石化路段进行整体稳定、封水、找平。同时，由于其紧致，刚度高，表面粗糙、洁净，具有较强的抗剪强度，黏结性好，防反射裂缝，整体强度均匀等性能，稳定封层对加铺层可以起到良好的功能层的作用。

7 加铺层结构设计

7.1 加铺层结构类型

旧水泥混凝土路面共振碎石化后的加铺层分为沥青加铺层和水泥混凝土加铺层两种结构。共振碎石化后的加铺,主要组合有以下四种:

(1)碎石化层直接作为基层,加铺沥青混凝土面层。

(2)碎石化层直接作为基层,加铺水泥混凝土面层。

(3)碎石化层作为底基层,加基层补强后,再加铺沥青混凝土面层。

(4)碎石化层作为底基层,加基层补强后,再加铺水泥混凝土面层。

碎石化后直接作为底基层,加基层补强后加铺沥青或水泥混凝土面层时,加铺层的设计可依据现行规范按新建路面结构进行系统设计。碎石化后直接加铺沥青或水泥混凝土面层,目前国内还没有规范性设计方法,而这种加铺方式是一种主要趋势。鉴于目前我国高等级路面类型的选择更趋向于沥青路面的实际情况,本指南重点对沥青加铺层的设计方法和结构组合进行说明。

7.2 沥青加铺层结构设计方法

为使水泥路面再生利用后加铺层设计与我国的现行设计理论和方法相一致,采用以弹性层状体系理论为基础的结构设计方法。加铺层结构设计宜分为预估设计和优化设计两个阶段。实测碎石化层顶面当量回弹模量后计算得到的计算回弹模量值与预估设计阶段所取回弹模量值之差超出 20MPa 时,宜重新进行加铺层结构设计。

(1)设计参数。

路面共振碎石化后的加铺层构筑在碎石化层顶面上,因此在进行加铺层设计前,有必要对碎石化层的基本性质做出界定。从我国路面结构设计理论出发,反映再生层性状的主要参数是该层的弹性模量(E)和泊松比(ν)。这两者中,弹性模量是因材料性质不同而变化较大的参数,共振碎石化施工过程中对各种施工参数的控制,最后都反映在该层弹性模量的变化上。从另一角度考虑,碎石化层以下的原基层、土基等的弹性模量对加铺层的结构设计也有相应影响。我国沥青路面设计的一般思路是将再生层顶面上的强度特征作为再生层及其下层结构的代表强度,即顶面当量回弹模量。如果碎石化后当量回弹模量能达到较高的水平,则在设计时可以充分利用这一点,达到减小路面加铺层厚度的目的。

水泥路面碎石化的根本目的是防止旧水泥板块可能的反射裂缝,而反射裂缝产生的根本原因是强度的差异,所以碎石化的根本目的是使碎石化层顶面强度趋于均匀。在控制破碎程度时,应该以破碎后顶面强度的均匀性来衡量,在此基础上保证其强度尽量高。

我国《公路水泥混凝土路面设计规范》(JTG D40—2011)中规定基层顶面当量回弹模量按可靠度设计标准来要求。碎石化层作为新路面结构的基层,可参照这一可靠度标准取值。其可靠度设计标准、变异系数和可靠度系数如表7.1~表7.3所示。

表7.1 可靠度设计标准

公路技术等级	高速公路	一级	二级	三级	四级
安全等级	一级	一级	二级	三级	三级
设计基准期(年)	30(15)	30(15)	20(12)	15(8)	10(5)
目标可靠度(%)	95	90	85	80	70
目标可靠指标	1.64	1.28	1.04	0.84	0.52

注:1. 本表引自《公路水泥混凝土路面设计规范》(JTG D40—2011)。
  2. 沥青路面加铺沿用水泥混凝土路面加铺可靠度设计标准。
  3. 设计基准期一栏中,括号外为水泥混凝土路面,括号内为沥青路面。

表7.2 变异系数

变异系数水平	低	中	高
基层顶面当量回弹模量	$C_V \leq 0.25$	$0.25 < C_V \leq 0.35$	$0.35 < C_V \leq 0.55$

表7.3 可靠度系数

变异水平等级	目标可靠度(%)			
	95	90	85	80
中	1.33~1.50	1.16~1.23	1.08~1.13	1.04~1.07
高	—	1.23~1.33	1.13~1.18	1.07~1.11

在计算路面结构时,碎石化层顶面的当量回弹模量可按式(7.1)计算:

$$E'_t = \frac{\overline{E}_t}{R_r} \tag{7.1}$$

式中:E'_t——按可靠度方法折减后的顶面当量回弹模量代表值;

$\overline{E}_t$——当量回弹模量平均值,初步设计阶段采用表7.4的推荐值,优化设计阶段按照实测顶面当量回弹模量平均值进行验算;

R_r——根据顶面当量回弹模量变异系数值查表7.2确定的变异水平等级,取表7.3中对应的可靠度系数。

表7.4 共振碎石化层顶面当量回弹模量平均值取值范围

旧路基层结构类型	实测抗压强度代表值(MPa)	当量回弹模量平均值取值范围(MPa)
级配碎石	≤30	100~180
	>30	140~220
石灰/水泥/二灰稳定土	≤30	150~230
	>30	190~270
单层水泥/二灰稳定碎石/沙砾	≤30	180~260
	>30	220~300
双层水泥/二灰稳定碎石/沙砾	≤30	250~330
	>30	290~370
贫混凝土	≤30	300~380
	>30	340~420

注:当路基、基层状况较好且为填方路堤时,取中值;路基、基层状况较好的挖方路段取大值;路基、基层软弱时,取小值。

优化设计阶段,根据共振碎石化后实测顶面回弹模量值,按式(7.2)计算顶面当量回弹模量代表值,按式(7.3)计算顶面计算回弹模量值。

$$E_{tc} = \overline{E}_{tc} - Z_a S \tag{7.2}$$

$$\overline{E}_{tc} = \frac{\sum_{i=1}^{n} E_{tci}}{n}$$

$$S = \sqrt{\frac{\sum_{i=1}^{n}(E_{tci} - \overline{E}_{tc})^2}{n-1}}$$

式中：n——测点数，大于等于6；

E_{tci}——各测点的实测回弹模量值(MPa)；

Z_a——保证率系数，高速、一级公路取1.645，二级及二级以下公路取1.282；

S——标准差；

$\overline{E}_{tc}$——所有测点的回弹模量平均值(MPa)；

E_{tc}——共振碎石化层回弹模量代表值(MPa)。

$$E_{sj} = aE_{tc} \tag{7.3}$$

式中：a——考虑再生层通车稳定后密实度变化确定的模量修订系数，取值范围为1.05~1.15；

E_{sj}——共振碎石化层顶面计算回弹模量(MPa)。

（2）设计步骤。

①预估设计阶段。

a. 确定交通量参数，计算累计标准轴载作用次数。

b. 从表7.4中选取共振碎石化层顶面当量回弹模量平均值。

c. 从表7.1和表7.3中选取可靠度系数，按式(7.1)计算折减后的碎石化层顶面回弹模量预估代表值。

d. 拟定结构组合，以沥青层底弯拉应力为设计控制指标，计算加铺层厚度。

②优化设计阶段。

a. 按式(7.2)和式(7.3)计算碎石化层顶面计算回弹模量值。

b. 当顶面计算回弹模量值与顶面回弹模量预估代表值的差值小于20MPa时，取预估设计阶段确定的结构组合作为设计结果。

c. 当顶面计算回弹模量值与顶面回弹模量预估代表值的差值大于等于20MPa时，按共振碎石化层顶面计算回弹模量，拟定加铺层结构组合，计算加铺层厚度。

（3）加铺设计建议。

①对碎石化层顶面调平功能层，根据工程情况选择采用沥青混合料。

②碎石化层粒径在7.5~30cm，且顶面当量回弹模量为250~500MPa时，加铺双层或三层式密级配沥青混凝土。

③碎石化后局部段落颗粒粒径偏大或顶面当量回弹模量大于500MPa时,宜在防水封层上设置开级配沥青稳定碎石层。

④碎石化后局部段落颗粒粒径偏小或顶面当量回弹模量为150~250MPa时,宜设置抗疲劳层,并应保证加铺层总厚度。

⑤顶面当量回弹模量低于150MPa的路段,宜设置半刚性基层补强。

⑥缺乏工程经验时,沥青路面加铺结构组合及厚度参考表7.5。

表7.5 沥青路面加铺参考结构组合

累计标准轴次（万次/车道）	上面层	中面层	下面层	基层	底基层
<300	5cm AC-16	—	8cm ATB-25	碎石化层	—
300~1200	5cm AC-16 或 SMA-16	—	10~12cm ATB-25	碎石化层	—
1200~2500	4cm AC-13 或 SMA-13	6cm AC-20	8~12cm ATB-30	18cm级配碎石基层	碎石化层
2500~4000	4cm AC-13 或 SMA-13	6cm AC-20	12cm ATB-30	20cm级配碎石基层	碎石化层

7.3 水泥混凝土路面加铺层设计

水泥混凝土路面加铺层结构应按《公路水泥混凝土路面设计规范》(JTG D40—2011)中的结构组合设计原则,合理确定基层类型和面层类型。

(1)加铺设计建议。

共振碎石化层加铺水泥混凝土路面,应在碎石化层与加铺层之间设置沥青混合料隔离层。

加铺层一般采用普通水泥混凝土,厚度不宜小于220mm。加铺层的接缝设计和配筋设计应按新建水泥混凝土面层的要求确定。

(2)预估设计阶段。

加铺层结构厚度设计应按《公路水泥混凝土路面设计规范》(JTG D40—2011)中的新建路面设计方法进行,以共振碎石化层顶面的综合回弹模量预估代表值作为设计参数。

(3) 优化设计阶段。

当通过实测确定的共振碎石化层顶面的综合回弹模量计算值与综合回弹模量预估代表值的差值大于 50MPa 时,应修正水泥混凝土路面加铺层厚度设计。

8 施工质量检查与验收

8.1 碎石化层质量检查验收

碎石化层质量检查验收主要以碎石化层顶面弯沉值的均匀性为验收指标。

(1)在碾压完成后的碎石化层表面,用贝克曼梁或落锤式弯沉仪检测弯沉值,每车道每 5m 检测 1 点。高速公路和一级公路按单幅、二级及二级以下公路按全幅,将弯沉值比较接近的段落划分为同一区段,区段长度不小于 500m,进行强度均匀性评价。

(2)强度均匀性采用弯沉值变异系数 C_V 评价,变异系数 C_V 按式(8.1)计算:

$$C_V = \frac{S}{\bar{l}} \quad (8.1)$$

$$S = \sqrt{\frac{\sum_{i=1}^{n}(l_i - \bar{l})^2}{n-1}}$$

$$\bar{l} = \frac{\sum_{i=1}^{n} l_i}{n}$$

式中:S——区段内实测路表弯沉标准差,单位为 0.01mm;

$\bar{l}$——区段内实测弯沉平均值,单位为 0.01mm。

(3)当变异系数 $C_V \leq 0.35$ 时,判定该区段满足强度均匀性要求。否则,必须对 $|l_i - \bar{l}| > 2S$ 的弯沉检测点区域进行补强处理,处理后的弯沉值应满足 $|l_i - \bar{l}| < 2S$ 的要求,重新计算弯沉值变异系数 C_V,并应满足强度均匀性要求。

(4)强度均匀性满足要求后,按式(8.2)计算各区段的代表弯沉值 l_0:

$$l_0 = (\bar{l} + Z_a S) K_1 \quad (8.2)$$

式中:l_0——区段内实测弯沉代表值,单位为 0.01mm;

Z_a——与保证率有关的系数,高速公路、一级公路 $Z_a = 1.645$,其他公路 $Z_a = 1.5$;

K_1——季节影响系数,根据当地经验确定。

其他常规指标如平整度、横坡及高程等应按照《公路工程质量检验评定标准 第一册 土建工程》(JTG F80/1—2004)的相关要求验收。

8.2 加铺层质量检查验收

沥青加铺层在铺筑完成后,按照《公路工程质量检验评定标准 第一册 土建工程》(JTG F80/1—2004)中的相关要求检测压实度、厚度、平整度、弯沉值、抗滑性、中线平面偏位、路面宽度和横坡等项目。

9 安全与环境保护

9.1 一般规定

共振碎石化作业中,应保障施工安全,要避免工程施工对周围环境的干扰,加强环境保护。严格遵守国家安全生产法规和环境保护法令,保护劳动者生命财产安全,保护自然生态环境。

9.2 施工安全

施工安全管理应严格执行《公路养护安全作业规程》(JTG H30—2015)和《公路工程施工安全技术规范》(JTG F90—2015)中的规定。

9.3 环境保护

在施工过程中应防止噪声、废气、污水等对环境的污染,严格执行《声环境质量标准》(GB 3096—2008)、《环境空气质量标准》(GB 3095—2012)及《污水综合排放标准》(GB 8978—1996)等相关环境保护的规定。